브리지 교리문답

KB205819

◦ 개요

이 교육 과정은 기독교에 입문하는 사람이나 세례를 준비하는 사람을 위해 제 공된다. 여덟 가지 주제에 대한 물음과 대답 형식으로 작성되었다. 스위스 개혁파 전통과 현대 신학을 충실히 반영하여 다른 교육 과정과 차별성을 두었다. 특히 스위스 개혁파 전통을 반영하기 위해 하인리히 불링거(Heinrich Bullinger)가 작성하고 스위스 개혁교회가 받아들인 "제2 스위스 신앙고백"(1566)을 참고했다. 필요에 따라 기독교에 입문하는 사람에게 낯선 표현을 보충 설명했다.

◦ 교육 목적과 목표

교육 목적 인류의 고등 종교인 기독교가 제공하는 삶의 행복과 의미와 힘을 발견하고 누리기

교육 목표 전통부터 이어져 온 기독교 신앙 요소 전반을 간단하고 정확하게 이해하기

차례

1과 | 성경

성경이란 무엇입니까?

성경이란 사람이 구원에 이르며 온전한 삶을 형성할 수 있도록 기독교 보편 교회가 기독교 신앙의 표준으로 받아들인 책을 의미합니다. 다른 책들과 구별하기 위해 '정경'이라고도 부릅니다.

성경은 총 몇 권입니까?

성경은 총 66권입니다. 유대교의 39권과 초기 기독교의 27권으로 구성되어 있습니다. 하나님과 언약 관계를 맺었다는 신앙 이해에 따라, 기독교 교회는 전자를 옛 언약 혹은 구약, 후자를 새 언약 혹은 신약이라 부릅니다.

　　구약에 해당하는 책은 다음과 같습니다(개신교에서 사용하는 순서와 명칭에 따른 것입니다).

> 창세기, 출애굽기, 레위기, 민수기, 신명기, 여호수아, 사사기, 룻기, 사무엘상·하, 열왕기상·하, 역대상·하, 에스라, 느헤미야, 에스더, 욥기, 시편, 잠언, 전도서, 아가서, 이사야, 예레미야, 예레미야애가, 에스겔, 다니엘, 호세아, 요엘, 아모스, 오바댜, 요나, 미가, 나훔, 하박국, 스바냐, 학개, 스가랴, 말라기

신약에 해당하는 책은 다음과 같습니다.

> 마태복음, 마가복음, 누가복음, 요한복음, 사도행전, 로마서, 고린도전후서, 갈라디아서, 에베소서, 빌립보서, 골로새서, 데살로니가전후서, 디모데전후서, 디도서, 빌레몬서, 히브리서, 야고보서, 베드로전후서, 요한일서, 요한이서, 요한삼서, 유다서, 요한계시록

성경(정경)은 어떻게 결정되었습니까?

16세기 종교개혁 이후 개신교는 위의 66권을 정경으로 인정했습니다. 그러나 정경에 속하는 책들은 이미 초기 기독교 공동체 시절부터 신앙을 위해 권위 있고 가치 있는 것들로 여겨

지고 받아들여졌습니다. 따라서 성경은 그 내용과 전통에 따라 결정되었습니다.

성경은 어떻게 쓰였습니까?

누가 성경 각 책의 저자, 전승자, 수집가, 편집가인지는 정확히 알 수 없지만, 성경은 '영감받은' 사람들의 말과 글의 기록, 수집, 편집 과정을 거쳐서 쓰였습니다.

영감받는다는 것은 어떤 뜻입니까?

영감받는다는 것은, 마치 예술가가 창의적인 생각이나 감정에 사로잡히듯, 하나님에 대한 경험과 진리에 감동받음을 의미합니다.

성경은 어떻게 해석되어야 합니까?

성경은 구원과 온전한 삶을 위한 진리를 담고 있으며, 신앙과 사랑이라는 목적에 맞게 해석되어야 합니다. 따라서 그 목적을 성취함에 있어서 다양한 해석이 용납될 수 있습니다. 그러나 그 외의 목적으로 해석되는 것은 제한되어야 합니다. 성경은 누구나 읽고 해석할 수 있지만, 먼저 적절한 교육을 받는 것이 옳습니다.

2과 | 하나님

하나님은 누구입니까?

하나님은 만물의 근거이자 사랑(사랑의 의지)이십니다. 그러므로 만물과 사랑이 하나님의 증거입니다.

하나님은 어디에 어떻게 존재합니까?

하나님은 보이는 것들과 보이지 않는 만물에 충만하게, 그리고 인간의 마음에 인격적으로 계십니다.

하나님의 이름은 무엇입니까?

하나님은 언제나 영감받은 사람들의 고백에 따라 다양하게 불렸습니다. 기독교 신앙에 따라 우리는 하나님을 '하나님' 혹은

'아버지'라고 부릅니다. 그러나 '아버지'는 하나님이 어떤 남성 신이라는 것이 아니라, 만물의 근거이자 사랑(사랑의 의지)이라는 것에 대한 표현입니다.

하나님이 세상을 만드신 이유는 무엇입니까?

하나님은 자신의 지혜와 권능을 보이시고 선으로 세상을 충만하게 하도록 세상을 만드셨습니다.

하나님은 몇 분이십니까?

우리가 하나님으로 고백하는 분은 본질적으로 유일무이한 분이자 영원히 자존하시는 분이십니다.

삼위일체란 무엇입니까?

삼위일체는 성경에 기록된 아버지, 예수, 거룩한 영(성령), 곧 이 셋이 하나라는 초기 기독교의 전통적 교리입니다. 전통적으로 '삼위'(三位, three Persons)는 셋의 구별됨을, 그리고 '일체'는 삼위의 신성과 의지의 일치를 가리킵니다. 삼위일체는 하나님의 계시의 신비로 고백됩니다.

하나님을 보거나 들을 수 있습니까?

인간은 하나님을 직관할 수도, 하나님의 음성을 직접적으로 들을 수도 없습니다.

하나님과 소통할 수 있습니까?

하나님의 뜻에 인간이 순종하고, 하나님의 뜻에 따라 인간이 기도함으로써 하나님과 소통할 수 있습니다.

하나님의 뜻은 무엇입니까?

하나님의 뜻은 만물을 보전하며, 모든 인간이 서로 사랑함으로써 하나님 자신의 나라를 온전히 세우는 것입니다.

하나님의 뜻은 어떻게 알려졌습니까?

하나님의 영감을 받은 사람을 통해, 특히 예수와 성경을 통해 알려졌습니다.

3과 | 예수

예수는 누구입니까?

1세기 팔레스타인 나사렛에서 태어나셨으며, 십자가에 못 박혀 죽기까지 하나님을 세상에 드러내심으로써 기독교의 기원이 되시는 분입니다. 전통 기독교 신앙에 따라 그는 "주 예수 그리스도"로 고백됩니다.

'주'란 무슨 뜻입니까?

'주'는 그리스어 '퀴리오스'를 옮긴 것입니다. 유대교에서 전통적으로 '주'는 하나님을 부를 때 사용되었으나, 기독교에서는 예수를 부를 때 사용합니다. 예수가 기독교의 기원이 되며 그가 하나님과 우리 사이를 연결한 중보자이기에, 그를 '주 예수'로 고백합니다.

'그리스도'란 무슨 뜻입니까?

유대교에서 기름 부음 예식을 받은 사람을 뜻하는 히브리어 '메시아'를 그리스어로 옮긴 것입니다. 유대교에서는 특히 제사장과 왕이 머리에 기름을 붓는 예식을 거쳐 세워졌습니다. 그러나 성경은 하나님의 특별한 사명을 이루기 위해 이 땅에 세워진 사람들에게도 '메시아' 혹은 '그리스도'라는 호칭을 사용합니다. 기독교는 예수를 최고의 메시아로 여기므로 그를 '예수 그리스도'로 고백합니다.

예수는 어떤 일을 했습니까?

하나님이 어떤 분인지 사람들에게 가르치셨고, 하나님의 사랑을 실천하셨습니다.

예수는 어떻게 죽었습니까?

로마 제국의 최고 형벌 중 하나인 십자가 처형을 당했습니다.

예수의 죽음은 어떻게 이해되어야 합니까?

예수는 죽음을 무릅쓰고 끝까지 사랑으로 하나님 나라를 선포

했습니다. 인간은 그러한 죄 없는 예수를 십자가에 못 박았습니다. 그러므로 예수의 죽음은 인간의 죄를 폭로하고 하나님의 사랑을 드러낸 의인의 죽음으로 이해되어야 합니다.

예수는 죽은 뒤 어떻게 되었습니까?

십자가 처형 후, 무덤에 묻혔습니다. 그러나 그의 죽음은 하나님의 뜻에 끝까지 순종한 것이었으며 또한 계시를 위한 의인의 죽음이었으므로, 하나님이 그를 지극히 높이셨음을 믿음으로 고백합니다. 이것이 부활 신앙입니다.

예수는 하나님입니까?

전통적인 삼위일체 교리에 따라, 우리는 '아버지'와 '예수' 그리고 '거룩한 영'(성령)의 위격을 구별합니다. 그러나 이와 동시에 예수를 통해 하나님이 스스로를 흠 없고 충만하게 드러내셨다는 믿음을 바탕으로, 그리스도가 '인성'과 '신성'을 지니셨다고 고백합니다.

4과 | 교회

교회는 무엇입니까?

교회는 기독교 신앙을 가진 사람의 모임 혹은 신앙 공동체입니다.

교회는 어떻게 시작되었습니까?

예수의 죽음 이후, 부활 신앙을 고백하는 사람들의 모임으로 시작되었습니다.

참 교회의 특징은 무엇입니까?

참 교회에는 신실하고 규범적인 설교가 있으며, 또한 거룩한 예식들, 즉 세례와 성찬이라는 성례가 있습니다.

교회에서 하는 일은 무엇입니까?

교회는 하나님께 진실하게 예배하며, 신자 간에 신앙의 진리를 교육하고, 사랑의 교제를 나누며, 세상을 향해 사심 없이 봉사합니다.

교회는 어떻게 조직되어야 합니까?

교회 구성원들에는 상하 계급이 없으며 교회의 조직은 자유에 맡겨져 있습니다. 단, '은사'에 따라 질서 있는 조직을 구성하는 것이 바람직합니다.

은사란 무엇입니까?

은사는 교회 구성에 필요한, 사람들에게 요구되는 자질을 의미합니다. 은사는 어떤 신비로운 능력이라기보다 각자의 것으로 섬기고자 하는 선한 마음과 관련되어 있습니다.

교회의 직분자들은 어떻게 세워집니까?

교회의 직분은 교회의 일, 곧 예배, 교육, 교제, 봉사를 할 수 있도록 교역자와 봉사자로 세워질 수 있습니다. 또한 교회 조직을 위하여 회의체가 구성될 수 있습니다. 교역자나 봉사자는 모두 훈련을 받은 사람들이어야 하며, 회의체는 성실한 교회의 회원으로 구성되어야 합니다.

예배란 무엇입니까?

예배란 하나님께 감사와 찬양과 기도를 드리는 것으로, 신자는 오로지 하나님에게만 예배드립니다. 또한 예배에는 하나님의 뜻을 배우는 설교와 성례가 포함될 수 있습니다. 예배를 통해 신자들은 하나님 안에서 위로와 힘을 얻으며, 또한 마음을 새롭게 하여 신앙에 따른 실천을 결단하게 됩니다.

세례란 무엇입니까?

세례는 예수와 초기 기독교의 전통으로서, 죄가 씻어졌고 하나님의 자녀로 다시 태어났음을 상징하는 기독교 입문 의식입니다. 세례의 방식은 물에 들어가게 하거나 물을 뿌리거나 붓는 등 다양합니다. 세례에는 반드시 기독교 입문 교육과 신앙 고백이 선행되어야 합니다. 아직 성숙하지 못한 유아나 어린이의 경우, 온 가족이 함께 기독교 교회의 구성원이 되었음을 표현하기 위해 교육이나 고백이 없이도 유아세례가 허용될 수 있습니다.

성찬은 무엇입니까?

성찬은 예수와 초기 기독교의 전통으로서, 그리스도의 죽음을 특별히 기억하며 신자가 서로 사랑 안에서 교제를 나누는 시간이자, 미래에 이루어질 하나님 나라의 기쁨의 축제를 고대하는 상징 의식입니다. 1세기 팔레스타인-지중해 문화를 따라 빵과 포도주가 전통적으로 의식에 사용되었습니다. 성찬은 신자만 참여할 수 있습니다.

교파와 교단은 무엇입니까?

교파와 교단은 서로 다른 독립적 기관과 회의체로 구성된 교회들을 의미합니다. 교회는 하나이며, 하나가 되어야 하지만 이 땅에서 신자들은 개성과 다양성을 존중받아야 합니다. 교리나 문화에 따라 다양한 교파와 교단이 존재하지만, 다양성은 다툼이나 분쟁이 아니라 오로지 자유로운 양심에 따른 것이어야 합니다.

5과 | 믿음

신자는 무엇을 믿습니까?

하나님의 뜻이 진리임을 믿습니다.

구원이란 무엇이며 어떻게 받습니까?

하나님의 뜻이 진리임을 믿음으로써, 하나님과 화해하는 것이 구원입니다. 구원을 위해서는 죄를 뉘우치는 진실한 회개와 하나님의 뜻에 따라 살겠다는 실천적 결단이 있어야 합니다. 믿음, 회개, 결단을 가리켜 신앙고백이라고 합니다.

죄란 무엇입니까?

죄는 하나님과 단절된 상태이자, 하나님의 뜻을 무시하거나,

불신하거나, 대적하는 것을 의미합니다. 죄는 때때로 윤리적 잘못이나 법적인 범죄와 겹칠 수도 있고, 겹치지 않을 수도 있습니다.

어떻게 죄를 용서받을 수 있습니까?

하나님 앞에서 드리는 진실한 회개의 기도를 통해 죄를 용서받을 수 있습니다. 진실한 회개를 위해서는 죄를 숨기지 말아야 하며, 죄에 걸맞은 책임을 지려고 노력해야 합니다. 하나님은 진실하게 회개한 사람을 용서하시고, 하나님 자신의 자녀로 인정해주십니다. 죄 용서는 하나님만이 하실 수 있습니다.

신자는 '죄인'입니까, 아니면 '의인'입니까?

모든 인간은 태어날 때부터 죄인입니다. 그리고 용서받은 신자일지라도 여전히 죄를 짓습니다. 인간은 완벽하지 않기 때문입니다. 그럼에도 하나님은 언젠가 의로워질 것을 기대하며 진실로 회개하여 하나님의 뜻을 실천하고자 하는 신자를 '의인'으로 인정해 주십니다. 그러므로 신자는 죄인인 동시에 의인입니다.

왜 모든 사람은 태어날 때부터 죄인입니까?

죄는 하나님과 하나님의 뜻에 대한 무지로부터 출발하기 때문입니다. 또한 인간은 하나님의 뜻을 완벽히 이해하지도, 동의하지도, 실천하지도 못하기 때문에 죄인으로 자라납니다. 그러나 믿음을 통해서 하나님의 자녀가 된 신자는 죄인에서 의인으로 향하는 삶의 변화, 즉 '성화'를 경험합니다. 그러나 유아나 신앙을 고백할 수 없는 상태에 있는 자들에게 하나님은 자비로우십니다.

성화는 어떻게 이루어질 수 있습니까?

성화는 하나님의 뜻을 배우고, 하나님의 뜻에 동의하도록 마음과 생각을 다스리며, 하나님의 뜻을 삶 속에서 실천하는 가운데 이루어질 수 있습니다. 성령께서 구원과 성화를 도우십니다.

성령은 무엇이며, 구원과 성화에 대하여 어떻게 도움을 받을 수 있습니까?

성령은 '하나님의 영' 혹은 '그리스도의 영'으로 불립니다. 성령은 삼위 중 한 위격이자 하나님의 신비로운 힘, 정신, 능력입니다. 성령은 진실하게 신앙고백을 한 신자의 마음에 계십니다. 그리고 성령은 신자를 믿음, 회개, 성화로 인도하십니다. 성령은 이미 우리를 돕고 계십니다. 따라서 선한 마음과 선한 행위는 모두 성령의 도우심임을 겸손하게 고백해야 합니다.

6과 | 기도 (주기도문)

기도란 무엇입니까?

기도는 하나님께 드리는 진실한 글, 말, 생각입니다.

왜 기도해야 합니까?

기도는 온전한 삶의 형성을 위한 수단이자 신자의 특권이기 때문입니다. 하나님은 사람의 마음을 움직임으로써 기도에 응답하십니다.

어떻게 기도해야 합니까?

기도 방식은 목적에 따라 홀로 드리는 개인 기도와 공동체 안에서 드리는 공적 기도로 구별됩니다. 자유와 양심에 따라 기도하되, 공적 기도는 질서에 맞추어 시간과 내용의 적절성을 고려해서 준비해야 합니다. 무엇보다 기도는 남에게 보이기 위해 하는 것이 아니므로 위선적이어서는 안 되며, 경건하고 진실하게 해야 합니다.

무엇을 기도해야 합니까?

주 예수께서 기도의 모범을 보이셨습니다. 전통적으로 그것을 '주기도문' 혹은 '주의 기도'라고 합니다. 주기도문은 마태복음과 누가복음에 두 가지 형태로 기록되었습니다.

마태복음의 주기도문	누가복음의 주기도문
하늘에 계신 우리 아버지여	아버지여
이름이 거룩히 여김을 받으시오며	이름이 거룩히 여김을 받으시오며
나라가 임하시오며	나라가 임하시오며
뜻이 하늘에서 이루어진 것 같이 땅에서도 이루어지이다	-
오늘 우리에게 일용할 양식을 주시옵고	우리에게 날마다 일용할 양식을 주시옵고

우리가 우리에게 죄 지은 자를 사하여 준 것 같이 우리 죄를 사하여 주시옵고	우리가 우리에게 죄 지은 모든 사람을 용서하오니 우리 죄도 사하여 주시옵고
우리를 시험에 들게 하지 마시옵고	우리를 시험에 들게 하지 마시옵소서
다만 악에서 구하시옵소서	–
(*나라와 권세와 영광이 아버지께 영원히 있사옵나이다 아멘)	–

* 이 부분은 초기 기독교 예식에서 추가된 송영입니다.

주기도문을 암기해야 합니까?

주기도문은 기도의 모범입니다. 암기하기보다 형식과 내용을 본받아야 합니다.

구체적으로 주기도문의 내용은 무엇입니까?

주기도문은, 누구에게, 무엇을 기도해야 할지 알려줍니다.

기도의 대상은 하나님(아버지)이며, 먼저 그분을 부르고 그분께 영광을 돌림으로써 기도를 시작합니다.

가장 먼저 구해야 할 것은 '하나님의 뜻'이 이루어질 것에 대한 기도입니다. 우리는 하나님의 뜻이 이루어지도록 기도하며, 동시에 그 뜻에 참여할 수 있도록 우리의 삶을 바치는 기도를 해야 합니다. 하나님의 뜻이 이루어지는 것과 하나님 나라가 임하는 것은 동의어입니다.

다음으로 구해야 할 것은 '우리의 필요'에 대한 기도입니다. '일용할 양식'은 우리가 살아가는 동안 필요한 모든 것을 의미하며, 물질적인 것과 사회적인 것과 영적인 것을 모두 포괄합니다. 그러나 하나님 나라보다 더 앞선 간구여서는 안 될 것입니다.

다음으로 구해야 할 것은 '용서'입니다. 우리는 하나님께 매일 죄 용서를 구해야 합니다. 그리고 동시에 우리는 용서를 베풀어야 합니다. 예수께서 기도를 가르치시면서, 하나님은 남에게 용서를 베푸는 사람을 용서하신다는 것을 말씀하심으로써, 기도와 윤리가 따로 떨어져 있지 않음을 알리셨습니다.

마지막으로 구해야 할 것은 '유혹'과 '악'으로부터 구해달라는 기도입니다. 이 세상은 유혹과 악으로 가득 차 있으므로 피할 수 없습니다. 그러므로 여기서 구출에 대한 간청은 유혹과 악을 만나지 않게 해달라는 것이 아니라, 오히려 유혹이 찾아와도 이겨내고, 악이 있을지라도 지지 않게 해달라는 것과 같습니다.

7과 │ 윤리 (십계명)

인간의 존재 목적은 무엇입니까?

하나님의 형상에 따라 지음받은 인간이 하나님과 함께 그리고 하나님이 만드신 세계에서 영원히 행복하게 생명을 누리는 것입니다.

인간의 삶의 목적은 무엇입니까?

하나님께서 주신 소명에 따라 하나님 나라를 이루는 일에 참여하는 것입니다.

소명이란 무엇입니까?

'소명'은 하나님의 부르심을 의미합니다. 또한 소명은 각 사람이 자기 자신의 삶의 자리에서 감당해야 할 몫이며, 때때로 한

순간 '직업'과 일치할 수도 있습니다. 모든 사람은 자기 소명에 충실해야 합니다.

나의 소명을 어떻게 알 수 있습니까?

하나님은 각 사람에게 자유와 판단 능력을 부여하셨습니다. 하나님 나라에 내가 기쁜 마음으로 기여할 수 있는 모든 것이 소명입니다. 단 소명의 선택과 실행은, 선악의 기준에 따라, 반드시 선한 것이어야만 합니다.

선악의 기준은 무엇입니까?

선악의 기준은 곧 하나님 사랑과 이웃 사랑입니다. 전통적으로 기독교는 '십계명'을 하나님 사랑과 이웃 사랑의 표현으로 여깁니다.

십계명은 무엇입니까?

십계명은 모세가 시내산에서 하나님께 받았다고 전해지는 열 개의 명령을 가리킵니다. 십계명은 출애굽기와 신명기에 두 가지 형태로 기록되었습니다.

십계명이 윤리의 전부입니까?

십계명은 하나님 사랑과 이웃 사랑이라는 근본 원리에 대한 하나의 대표적 예시입니다. 구체적인 실천은 시대에 따라 달라지므로, 시대에 걸맞는 윤리를 부지런히 배워야 합니다.

신명기의 십계명

서언: 여호와께서 이르시되 나는 너를 애굽 땅, 종 되었던 집에서 인도하여 낸 네 하나님 여호와라.

1계명: 나 외에는 다른 신들을 네게 두지 말지니라.

2계명: 너는 자기를 위하여 새긴 우상을 만들지 말고 위로 하늘에 있는 것이나 아래로 땅에 있는 것이나 땅밑 물 속에 있는 것의 어떤 형상도 만들지 말며 그것들에게 절하지 말며 그것들을 섬기지 말라. 나 네 하나님 여호와는 질투하는 하나님인즉 나를 미워하는 자의 죄를 갚되 아버지로부터 아들에게로 삼사 대까지 이르게 하거니와 나를 사랑하고 내 계명을 지키는 자에게는 천 대까지 은혜를 베푸느니라.

3계명: 너는 네 하나님 여호와의 이름을 망령되이 일컫지 말라. 나 여호와는 내 이름을 망령되이 일컫는 자를 죄 없는 줄로 인정하지 아니하리라.

4계명: 네 하나님 여호와가 네게 명령한 대로 안식일을 지켜 거룩하게 하라. 엿새 동안은 힘써 네 모든 일을 행할 것이나 일곱째 날은 네 하나님 여호와의 안식일인즉 너나 네 아들이나 네 딸이나 네 남종이나 네 여종이나 네 소나 네 나귀나 네 모든 가축이나 네 문 안에 유하는 객이라도 아무 일도 하지 못하게 하고 네 남종이나 네 여종에게 너 같이 안식하게 할지니라. 너는 기억하라. 네가 애굽 땅에서 종이 되었더니 네 하나님 여호와가 강한 손과 편 팔로 거기서 너를 인도하여 내었나니, 그러므로 네 하나님 여호와가 네게 명령하여 안식일을 지키라 하느니라.

5계명: 너는 네 하나님 여호와께서 명령한 대로 네 부모를 공경하라. 그리하면 네 하나님 여호와가 네게 준 땅에서 네 생명이 길고 복을 누리리라.

6계명: 살인하지 말지니라.

7계명: 간음하지 말지니라.

8계명: 도둑질하지 말지니라.

9계명: 네 이웃에 대하여 거짓 증거하지 말지니라.

10계명: 네 이웃의 아내를 탐내지 말지니라. 네 이웃의 집이나 그의 밭이나 그의 남종이나 그의 여종이나 그의 소나 그의 나귀나 네 이웃의 모든 소유를 탐내지 말지니라.

출애굽기의 십계명

서언: 하나님이 이 모든 말씀으로 말씀하여 이르시되 나는 너를 애굽 땅, 종 되었던 집에서 인도하여 낸 네 하나님 여호와니라.

1계명: 너는 나 외에는 다른 신들을 네게 두지 말라.

2계명: 너를 위하여 새긴 우상을 만들지 말고 또 위로 하늘에 있는 것이나 아래로 땅에 있는 것이나 땅 아래 물 속에 있는 것의 어떤 형상도 만들지 말며 그것들에게 절하지 말며 그것들을 섬기지 말라. 나 네 하나님 여호와는 질투하는 하나님인즉 나를 미워하는 자의 죄를 갚되 아버지로부터 아들에게로 삼사 대까지 이르게 하거니와 나를 사랑하고 내 계명을 지키는 자에게는 천 대까지 은혜를 베푸느니라.

3계명: 너는 네 하나님 여호와의 이름을 망령되게 부르지 말라. 여호와는 그의 이름을 망령되게 부르는 자를 죄 없다 하지 아니하리라.

4계명: 안식일을 기억하여 거룩하게 지키라. 엿새 동안은 힘써 네 모든 일을 행할 것이나 일곱째 날은 네 하나님 여호와의 안식일인즉, 너나 네 아들이나 네 딸이나 네 남종이나 네 여종이나 네 가축이나 네 문안에 머무는 객이라도 아무 일도 하지 말라. 이는 엿새 동안에 나 여호와가 하늘과 땅과 바다와 그 가운데 모든 것을 만들고 일곱째 날에 쉬었음이라. 그러므로 나 여호와가 안식일을 복되게 하여 그 날을 거룩하게 했느니라.

5계명: 네 부모를 공경하라. 그리하면 네 하나님 여호와가 네게 준 땅에서 네 생명이 길리라.

6계명: 살인하지 말라.

7계명: 간음하지 말라.

8계명: 도둑질하지 말라.

9계명: 네 이웃에 대하여 거짓 증거하지 말라.

10계명: 네 이웃의 집을 탐내지 말라. 네 이웃의 아내나 그의 남종이나 그의 여종이나 그의 소나 그의 나귀나 무릇 네 이웃의 소유를 탐내지 말라.

8과 | 하나님 나라

하나님 나라란 무엇입니까?

하나님 나라는 하나님의 뜻이 온전히 이루어지는 세상을 의미합니다.

하나님 나라와 교회는 어떤 관계를 갖고 있습니까?

교회는 하나님 나라의 설립을 목표하는 신자들의 모임으로서, 하나님 나라를 이루는 가장 핵심적인 공동체입니다. 따라서 교회는 하나님 나라와 같은 것이 아니며, 하나님 나라는 교회를 포함하는 가장 큰 개념입니다.

하나님 나라와 국가는 어떤 관계를 갖고 있습니까?

국가는 하나님 나라의 설립을 위한 중요한 기관입니다. 가정,

사회, 국가 그리고 국제 사회의 형성과 평화는 하나님 나라 설립에 있어서 필수적인 과정입니다.

하나님 나라와 내세는 어떤 관계를 갖고 있습니까?

내세는 성경과 전통 기독교 속 다양하게 표현되었던 하나님 나라의 소망의 일부를 나타내는 하나의 표상(表象, representation)입니다. 하나님 나라는 '새 창조'로서, 단순히 죽은 자의 다음 세계가 아니라, 생명으로 충만한 현 세계의 완성입니다.

인간은 죽으면 어떻게 됩니까?

인간의 죽음은 여느 동물이나 식물의 죽음과 다르지 않습니다. 그러나 성경과 전통 기독교는 부활의 소망을 가르칩니다.

부활이란 무엇입니까?

부활은 의인에게 주어지는, 새 창조에 포함된다는 새 생명의 판결입니다. 이 생명은 모든 면에서 영광스러울 것입니다. 이것은 예수에 대한 부활 신앙과 연결되어 있으며, 종말에 완성될 것입니다.

심판이란 무엇입니까?

심판은 죄와 악에 선고되는, 새 창조에 포함될 수 없다는 영원한 죽음의 판결입니다. 이것은 종말에 완성될 것입니다.

모든 사람이 부활과 하나님 나라에 포함됩니까?

하나님은 인류의 구원을 자신의 뜻에 포함시키고 있습니다. 우리는 개개인의 영원한 운명에 대하여 알 수 없으나, 하나님 나라가 완성되는 새 창조에서 온전하게 알 수 있을 것입니다.

종말이란 무엇이고 언제 찾아옵니까?

종말의 때는 완전한 하나님의 자유에 맡겨져 있으므로 종말이 언제 찾아올지는 아무도 알 수 없습니다. 이와 동시에 종말은 시간 개념이라기보다는 실존 개념입니다. 하나님과 화해한 신자는 아직 완성되지 않은 새 창조에 이미 들어와 있습니다.

부록 | 신앙고백으로서 사도신경 이해

사도신경의 역사

교회에서 신앙고백으로 가장 많이 채택되는 것은 아마 사도신경일 것입니다. 이름은 비록 '사도'신경이지만, 소위 열두 사도가 이 신경을 작성한 것은 아닙니다. 현재 사도신경과 가장 유사한 형태는 4세기 앙카라의 주교 (니케아 논쟁에서 아리우스파였던) 마르셀누스가 작성하여 당시 로마 주교에게 보낸 개인 신앙고백서에서 확인됩니다. 본래 그리스어로 쓰였다가 라틴어로 번역되어 로마에서 널리 사용되었기에 일명 '고대 로마 상징'(vetus symbolum romanum)으로 불립니다. 그러나 이것을 라틴어로 번역한 루피누스는 예루살렘의 사도들이 쓴 것이라 생각했습니다.

마르셀누스의 고백을 우리말로 옮기면 다음과 같습니다.

나는 전능하신 하나님 아버지를 믿습니다.

그리고 예수 그리스도, 그의 독생자, 우리 주 예수 그리스도를 믿습니다.

그는 성령으로부터 그리고 처녀 마리아로부터 나신 자며

그는 본디오 빌라도 치하에서 십자가에 못 박히고 장사 지낸 바 되었으며

사흘째 죽은 자들로부터 살아나셨고,

하늘[들]로 올라가셨으며

아버지의 오른편에 앉아 계시다가 산 자와 죽은 자를 심판하러 오실 분입니다.

그리고 나는 성령을, 거룩한 교회를, 죄의 용서를, 육체의 부활을, 영생을 믿습니다.

(루피누스 번역은 '영생'에 대한 고백을 생략합니다.)

한편 6세기경의 프랑스 아를의 주교 카이사리우스의 설교에는 보다 발전된 신앙고백이 등장합니다. 이를 우리말로 옮기면 다음과 같습니다.

나는 전능하신 하나님 아버지를 믿습니다.

그리고 나는 예수 그리스도, 그의 독생자, 우리 주를 믿습니다.

그는 성령으로 잉태되어, 처녀 마리아에게서 나셨으며,

본디오 빌라도 치하에서 고통받으시고, 십자가에 못 박히시고, 죽
　으시고, 장사되셨습니다.

그는 지옥에 내려가셨다가, 사흘째 다시 살아나셨고,

하늘에 오르셨고, 아버지의 오른편에 앉으셨습니다.

거기에서 그는 산 자와 죽은 자를 심판하러 오실 것입니다.

나는 성령을, 거룩한 보편 교회를, 성도의 교제를, 죄의 용서를, 육
　체의 부활을, 영생을 믿습니다.

현재 통용되는 사도신경의 가장 완전한 형태는 8세기경 스
페인의 수도사 피르미니우스의 글에서 확인됩니다.

밀라노의 주교 암브로시우스나 번역자 루피누스가 '사도
들이 작성한 신앙고백'이라는 주장을 했지만, 15세기 로렌초
발라는 그러한 주장이 역사적 사실과 거리가 멀다는 것을 밝
혀냈습니다. 그러나 대체적으로 교회는 사도신경이 정말로 사
도들에게서 기원했는지는 중요하지 않고 본문의 내용이 '사도
적'이므로 사도신경이라는 이름에 따라 유효한 신앙고백으로
인정해야 한다는 입장을 공식화했습니다.

사도신경의 본문

한국 교회가 공식적으로 채택한 사도신경은 다소 번역의 차
이는 있지만 내용은 동일하며, 전통적으로 고수하는 사도신

경 본문과 거의 일치합니다. 아래는 '새번역' 사도신경 본문입니다.

> 나는 전능하신 아버지 하나님, 천지의 창조주를 믿습니다.
> 나는 그의 유일하신 아들, 우리 주 예수 그리스도를 믿습니다.
> 그는 성령으로 잉태되어 동정녀 마리아에게서 나시고,
> 본디오 빌라도에게 고난을 받아 십자가에 못 박혀 죽으시고,
> 장사된 지 사흘 만에 죽은 자 가운데서 다시 살아나셨으며,
> 하늘에 오르시어 전능하신 아버지 하나님 우편에 앉아 계시다가,
> 거기로부터 살아 있는 자와 죽은 자를 심판하러 오십니다.
> 나는 성령을 믿으며, 거룩한 공교회와 성도의 교제와
> 죄를 용서받는 것과 몸의 부활과 영생을 믿습니다. 아멘.

두 가지 지적할 것이 있습니다.

첫째, 대부분의 우리말 번역본에서는 '음부강하'를 말하는 내용이 삭제되었습니다. 여기에는 한국 기독교 역사와 관련된 이유가 있습니다. 성경과 찬송가 출판을 장로교와 감리교의 연합 사업으로 추진할 때, 해석의 논란으로 분열의 위험이 있었기 때문으로 보입니다.

둘째, 본디오 빌라도'에게' 고난을 받았다는 번역은 적절하지 않습니다. 사도신경 본문 전승과 역사적 예수 탐구, 복음서

내용을 따져본다면 본디오 빌라도 '치하에서' 고난을 받았다고 번역하는 것이 더 적절합니다.

사도신경의 해설

사도신경은 '삼위', '교회', '구원'이라는 구조로 이루어져 있습니다.

사도신경은 '삼위'에 대한 엄격한 신학적 해석을 과감하게 생략했다는 장점을 가지고 있습니다. 니케아–콘스탄티노플 신경과 칼케돈 신경 등, 소위 에큐메니칼 공의회에서 만들어진 신앙고백은 현실 속의 대중적 그리스도인을 위한 것이라기보다 철학적이고 현학적인 논쟁과 정치적인 권력 다툼으로 만들어진 것이었습니다. 이와 달리 사도신경에서는 삼위에 대한 고백이 매우 단순합니다.

아버지는 '전능'하며 하늘과 땅의 창조주입니다. 이는 '무로부터의 창조'와 '물질 창조'에 대한 신앙고백이기도 합니다. 이는 '데미우르고스'를 주장하던 플라톤주의자들이나 영지주의 기독교인들의 믿음과는 구별되는 고백입니다.

예수는 하나님의 유일한 아들이며, 우리의 주입니다. 예수에게서 가장 완전한 하나님의 모습을 발견할 수 있기 때문입니다. 그가 성령으로 잉태되었다는 것과 동정녀에게서 태어났다는 것은 동일한 것에 대한 신학적, 신화적 이중 표현입니다.

비록 처음에는 이 내용이 문자적 고백을 위해 전해졌을지라도, 예수가 세상에 빛을 비출 위대한 운명을 지니고 세상에 태어났다는 은유로 해석되어야 할 것입니다.

그가 십자가에서 죽은 것은 역사적 사건이지만 동시에 인간의 죄를 폭로하는 사건이기도 합니다. 또한 그 죽음은 하나님의 사랑을 드러내는 부활과 한 쌍을 이룹니다. 그가 하나님 우편에 앉아있다는 것은 부활과 같은 의미입니다. 이는 예수가 하나님께 인정받은 하나님의 아들로 높여지셨으며, 그의 모든 삶과 가르침이 온전하고 의로우며, 예수를 통해서 인간이 참된 하나님에게 도달할 수 있음을 뜻합니다. 또한 바로 그런 이유에서 그는 '심판자'가 되십니다.

성령은 예수에게 충만했으며, 동시에 교회를 충만하게 인도합니다. 교회와 신자는 성령으로 '거룩'해집니다. 성령과 교회 안에서 성도는 서로를 섬기며 하나가 됨으로써 자기 자신과 교회를 완성하고 하나님 나라의 목표를 향해 나아갑니다.

성도와 교회는 죄의 용서를 누리고, 용서받은 존재에 걸맞은 삶을 사는 가운데, 부활과 영생이라는 구원을 희망합니다. '몸의 부활'을 고백하는 것은 영지주의를 반박한 것입니다. 그러나 부활은 영생과 동시에 고백됨으로써 단순히 현재의 몸이 부활하는 것을 넘어 생명의 충만을 가리킵니다.

수와진의 대표 도서

『마리아의 아들: 역사적 예수의 생애 재구성』 진규선 지음

사도신경의 교리적 예수도, 여러 복음서에 나타난 하나님의 아들 예수도, 최초의 사도들이 만나고 선포한 부활한 예수도 아닌, 실제 역사적 예수를 추적하여 이야기식으로 재구성한 책이다.

『로마서: 바울의 은혜 종교 선언에 대한 해설』 진규선 지음

고대의 디아스포라 유대인이자 헬레니즘 기독교인이었던 바울. 그의 종교관을 잘 보여주는 '로마서'에 대한 해설. 종교개혁자들이 말한 '칭의'나 현대 바울신학자들의 '새 관점' 등이 아니라, '종교 유형'이라는 시각으로 접근하여 오늘날 실제 종교가 어떤 힘을 가질 수 있는지를 '설교'한 책이다.

『두근두근 성경공부』 진규선 지음

역사비평의 관점으로 성경 66권이 어떻게 형성되었고, 각각이 어떤 목적으로 쓰였는지 등을 쉽게 개괄한 책. 성경 해석 방법, 신구약 중간기의 역사, 성경에 대한 설교, 추천 자료 등이 함께 수록되어 있다.

『스위스 개혁파 신앙』 츠빙글리, 불링거, 칼빈 외 지음

스위스 종교개혁 시대에 활약한 홀드리히 츠빙글리, 하인리히 불링거, 요한 칼빈 등 스위스 종교개혁자들의 주요한 네 편의 글을 묶은 책. 스위스 종교개혁에 대한 간략한 설명과 〈67개조 논제〉, 〈베른 10개 논제〉, 〈취리히 합의〉, 〈기독교 신앙 요강〉이 수록되어 있다.

지은이 진규선

합리적이고 윤리적인 기독교를 꿈꾸며 '현대인을 위한 기독교 신앙'을 추구하는 목사. 현재 바젤대학교 조직신학 박사과정 중에 있으며, 유튜브와 온라인 교회 등으로 대중과 소통하며 한국 교회와 사회의 새로운 변화를 꿈꾸고 있다.

대신대학교 신학과와 총신대학교 신학대학원에서 전통적인 신학을 익히고 성지언어연구소 헬라어 조교로 3년간 봉사하며 성서 원문 공부를 했다. 신학 전문 출판사에서 일하고 큐레이터로 활동하며 더 넓은 신학을 접하게 되었고, 유럽으로 떠나 독일 뮌헨대학교와 스위스 바젤대학교에서 수학했다. 현재는 라인홀트 베른하르트의 지도하에 조직신학 박사 논문을 쓰고 있다("A Study of Kant's Deconstruction of the Doctrine of Original Sin and of Ritschl's Interpretation of Kant's 'radical evil'").

2018년부터 꾸준히 유튜브 채널 '진목TV'를 통해 종교인들에게는 신학과 종교학을 통해 신앙을 성찰할 기회를 제공하고, 비종교인들에게는 종교와 신학의 가치를 알리고 있다. 또한 학술 연구를 바탕으로 정기적인 종교-신학 스터디를 운영하며 대중과 소통하고 있다. 장벽을 뛰어넘는 교제를 위해 개척한 온라인 교회 '축복누림교회'에서는 신앙 상담과 교제가 이루어지며, 다양한 신앙인이 모여 함께 삶을 나누고 기도하며 신앙의 지평을 넓혀가고 있다.

진규선 목사는 번역가로도 활동하여 국내에 꼭 소개되어야 할 신학/종교 문헌을 출판사 수와진을 통해 펴내고 있다. 저서로는 『두근두근 성경공부』(수와진), 『로마서: 바울의 은혜 종교 선언에 대한 해설』(수와진)이 있고, 역서로는 『역사의 그늘에 서서』(감은사), 『곤잘레스 신학용어사전』(그리심 공역), 『창세기 설화』(감은사), 『기독교 강요』(서로북스) 등이 있다. 2023년 여름에 출간된 『마리아의 아들』은 텀블벅 펀딩을 통해 이미 수많은 독자들과 만났고, 한 달 만에 초판을 소진하고 2쇄에 돌입했다.

특강 문의: pfarrer.jin@gmail.com

브리지 교리문답

스위스 개혁파 전통과 현대 신학을 잇는 새로운 기독교 신앙

초판 1쇄 펴낸날 2023년 11월 20일

지은이   진규선
펴낸이   이종은
펴낸곳   수와진
편집   정명진
디자인   정명진

출판등록 제2020-000244호
주소   서울특별시 강남구 광평로1길 21, 201호(일원동)
이메일   pfarrer.jin@gmail.com

ISBN   979-11-978309-8-3 03230